AF261585

DISCOURS

PRONONCÉ LE 9 NOVEMBRE 1891

DANS LA CATHÉDRALE DE POITIERS

A L'OCCASION

DU SERVICE FUNÈBRE

CÉLÉBRÉ

EN L'HONNEUR DES SOLDATS
MORTS POUR LA PATRIE PENDANT LA GUERRE
FRANCO-ALLEMANDE DE 1870-71

PAR

L'abbé G. FRÉMONT

DOCTEUR EN THÉOLOGIE
CHANOINE D'ALGER ET DE CARTHAGE

(Se vend au profit de l'érection d'un monument, au cimetière de Chilvert, à la mémoire des soldats du Poitou.)

POITIERS

IMPRIMERIE OUDIN ET Cⁱᵉ

4, RUE DE L'ÉPERON, 4

1892

DISCOURS

PRONONCÉ LE 9 NOVEMBRE 1891

DANS LA CATHÉDRALE DE POITIERS

A L'OCCASION

DU SERVICE FUNÈBRE

CÉLÉBRÉ

EN L'HONNEUR DES SOLDATS
MORTS POUR LA PATRIE PENDANT LA GUERRE
FRANCO-ALLEMANDE DE 1870-71

PAR

L'abbé G. FRÉMONT

DOCTEUR EN THÉOLOGIE
CHANOINE D'ALGER ET DE CARTHAGE

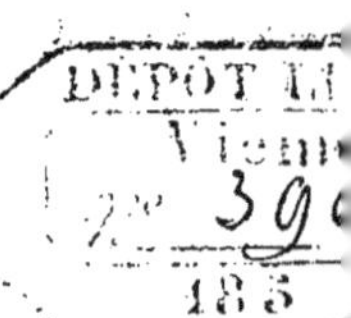

*(Se vend au profit de l'érection d'un monument, au cimetière
de Chilvert, à la mémoire des soldats du Poitou.)*

POITIERS

IMPRIMERIE OUDIN ET Cie

4, RUE DE L'ÉPERON, 4

1892

ŒUVRES DE M. L'ABBÉ G. FRÉMONT

Paris, — chez Berche et Tralin, rue de Rennes, 69 — Paris.

———

I. **Conférences sur le Christianisme**, où sont exposés tous les dogmes fondamentaux de la religion chrétienne : 2 vol. 7 fr.

I. **Les rapports de l'Eglise et de l'Etat**, considérés au double point de vue théorique et pratique : 1 vol. 3 5o

III. **Jésus-Christ attendu et prophétisé**, où sont réfutées les erreurs de la Critique biblique indépendante contre nos Livres saints : 2 vol. 7 fr.

IV. **La Divinité de Jésus-Christ et la Libre-Pensée :** 2 vol. 7 fr.

« Cet ouvrage est le plus décisif qui ait paru, depuis trente ans, en France, sur ce point capital. La libre-pensée, abordée sur toute la ligne avec une souveraine impartialité, est vaincue au nom même de la science qu'elle invoque sans cesse. Le lecteur désintéressé s'en apercevra facilement. Nous lui recommandons instamment cette œuvre importante. »

Bernard R.

———

AVERTISSEMENT

Le 9 novembre 1891, les anciens combattants poitevins de 1870 faisaient célébrer dans la cathédrale de Poitiers un Service funèbre solennel pour le repos de l'âme de leurs compagnons d'armes morts au champ d'honneur.

Ce Service, auquel assistaient les autorités, avait attiré des milliers de personnes qui remplissaient les vastes nefs de la basilique, attestant que la population poitevine n'oublie pas ses compatriotes morts victimes de la guerre terrible.

C'est pendant cette cérémonie que M. l'abbé Frémont a prononcé, avant l'absoute donnée par Mgr l'Evêque, l'éloquent et patriotique discours que nous publions avec son assentiment.

Dans ce panégyrique des soldats morts pour la patrie, l'orateur fait appel à la générosité de l'assistance en annonçant la quête dont le produit est destiné à ériger un monument en l'honneur des victimes de la guerre appartenant au département de la Vienne.

Dans une assemblée générale des anciens combattants, tenue le même jour 9 novembre, un Comité a été nommé avec mission de préparer et d'assurer l'exécution du monument projeté, et en même temps de recueillir les noms des victimes avec des renseignements sur leur carrière militaire.

Ce Comité prie les personnes qui liront cette oraison funèbre de faire connaître autour d'elles l'œuvre entreprise. Il fait aussi appel aux familles des victimes et aux municipalités pour qu'on lui fournisse tous les documents et renseignements qui pourront l'aider à atteindre le but que l'on se propose.

LE COMITÉ.

DISCOURS

PRONONCÉ LE 9 NOVEMBRE 1891

DANS LA CATHÉDRALE DE POITIERS

A L'OCCASION

DU SERVICE FUNÈBRE

CÉLÉBRÉ EN L'HONNEUR DES SOLDATS

MORTS POUR LA PATRIE

PENDANT LA GUERRE FRANCO-ALLEMANDE

> « *Planxit autem David planctum hujuscemodi et ait : Considera, Israel pro his qui mortui sunt, super excelsa tua, vulnerati.*
>
> David pleura, et quand il eut ainsi pleuré, il dit : « Considère, ô Israël la destinée de ceux qui, tout couverts de blessures, sont morts pour toi, sur tes hauteurs. »
>
> (IIᵉ Livre des Rois, ch. 1ᵉʳ, v. 18.)

MONSEIGNEUR (1),

La Patrie est une mère bien-aimée. Ses douleurs, surtout quand on a pu craindre qu'elles ne fussent mortelles, doivent rester à jamais gravées dans le cœur de ses enfants.

Et comment s'effaceraient-elles, lorsqu'elles ont eu le tragique et inoubliable caractère qu'elles conserveront jusqu'à la plus lointaine postérité, dans nos Annales, à la date funèbre des sanglantes années 1870 et 1871 ? Quelques mois, que dis-je ? quelques semaines suffirent

---

(1) Monseigneur Juteau, évêque de Poitiers.

alors pour que la France, la veille encore si prospère et si glorieuse, devînt un lamentable objet de pitié pour tout l'univers. Vous le savez, Messieurs, car un grand nombre parmi vous prirent à cette immense catastrophe une part singulièrement émouvante : rien ne saurait peindre à ceux qui n'en ont pas été les témoins le lugubre tableau de nos désastres. Il faut presque remonter jusqu'aux temps bibliques, et relire, avec épouvante, l'écrasement de la Judée par l'Assyrie ou de l'Asie-Mineure par la Macédoine, pour se rendre compte des implacables humiliations de la France par l'Allemagne victorieuse.

Après Wissembourg où, pour la première fois depuis Waterloo, reculèrent nos drapeaux surpris ; Reischoffen et Forbach démembrèrent deux de nos corps d'armée, dont les colonnes en désordre se rabattirent précipitamment sur le camp de Châlons. Puis, ce furent les terribles et inutiles batailles de Borny, de Rézonville et de Gravelotte; puis ce fut la mêlée de Sedan et sa capitulation douloureuse; puis ce fut la reddition navrante de Metz, le siège de Paris, les combats du Bourget, de Champigny, de Buzenval, nobles mais impuissantes tentatives pour briser le cercle de fer qui étreignait la capitale affamée; puis ce furent les luttes d'Orléans, de Coulmiers, de Bapaume, du Mans, de Dijon, de Villersexel ; enfin, ce fut la paix si chèrement achetée qu'un impitoyable vainqueur nous imposa, en mutilant notre territoire et en nous arrachant avec Metz et Strasbourg, ces deux joyaux de l'Alsace et de la Lorraine, l'énorme indemnité de cinq milliards que la France a si héroïquement payée pour sa rançon.

Voilà, Messieurs, ce que nous avons vu et ce que les siècles futurs ne pourront croire.

Mais nous nous souvenons ! Et comme David le conseillait à son peuple, après la mort de Saül et de Jonathas, Israël, c'est-à-dire la France, n'oubliera jamais ceux qui ont succombé, couverts de blessures, pour son indépendance et pour sa gloire. C'est pourquoi, soldats du

Poitou, valeureux survivants de ces grandes et néfastes journées, vous vous êtes souvenus de vos frères. Vous vous êtes rappelés que si leur corps percé de balles a pu périr, leur âme est immortelle, et vous avez voulu prier pour eux, au pied des autels en deuil. Mais toute pensée magnanime est noblement contagieuse, et, dès que votre dessein a été connu, notre vieille cité tout entière s'est levée pour s'y associer sans partage. J'en appelle à cette magnifique et religieuse assemblée, où tous, prêtres et soldats, magistrats et artisans, riches et pauvres, nous n'avons aujourd'hui qu'un cœur pour pleurer les épreuves de la patrie et célébrer avec piété ceux qui ont eu l'incomparable honneur de mourir pour elle.

C'est d'eux seuls que je me propose de vous entretenir, à l'ombre des drapeaux qu'ils ont teints de leur sang et sous ces voûtes sacrées qui servent, pour ainsi dire, de catafalque à leurs restes glorieux, ensevelis là-bas, dans nos plaines mélancoliques. Nos prières pour leur éternel repos seront plus suppliantes, elles s'élèveront vers le ciel plus vibrantes de reconnaissance et de fraternel amour, quand nous vous aurons fait, en traits rapides, le récit de leur héroïsme. Nous distribuerons notre sujet en deux tableaux : avant et après la bataille de Gravelotte ; car avant ce combat gigantesque la France pouvait encore espérer la victoire, tandis qu'après lui elle ne pouvait humainement aboutir qu'à une ruine certaine. Mais avant comme après cette lutte épique, l'héroïsme de nos soldats fut admirable, et c'est lui que je veux uniquement contempler. Les causes de nos désastres, que j'avais songé un instant à étudier devant vous, dans le désir d'en tirer quelque salutaire leçon, appartiennent à l'Histoire. Je n'y pourrais toucher ici sans, peut-être, enflammer des plaies qu'au contraire nous devons tous nous appliquer à guérir. D'ailleurs, elles vous ont été exposées, il y a vingt ans, dans cette chaire, par notre immortel évêque Son Eminence le cardinal Pie, et son éloquence magistrale ne pourrait que s'affaiblir en passant par mes lèvres. Laissons donc, ce matin, ce qui divise, et cherchons ce qui unit. Je suis bien sûr de répondre à votre attente, en célébrant l'héroïsme des braves qui se sont immolés pour nous. C'est, du reste, le conseil de l'Esprit-Saint par la bouche inspirée de David : « *Considera, Israel, pro his qui mortui sunt, super excelsa tua, vulnerati :* Considère, ô Israël, l'intrépidité de ceux qui ont versé leur sang pour toi ! »

Ce sera tout l'objet de cette sorte d'oraison funèbre, *planctum hujuscemodi :* page tardive et modeste, mais profondément patriotique, de l'épopée de nos malheurs !

I

J'ai dit que je voulais admirer avec vous l'héroïsme de nos soldats.

Qu'est-ce donc que l'héroïsme ? C'est le mépris de la mort pour une grande cause. Et comme la mort est pour l'homme le mal physique le plus redoutable et le plus redouté; celui-là seul, parmi nous, est capable des actes les plus sublimes qui a triomphé en lui de la crainte de mourir. Demandez à ce jeune laboureur, revêtu du costume militaire, pourquoi son cœur bat plus vite sous le hoqueton ou la cuirasse : il vous répondra qu'il ne s'agit plus pour lui de la pacifique charrue de son père, mais du drapeau de la France, pour lequel il s'exerce à lutter jusqu'au dernier souffle ; et le mépris de la mort, auquel il s'habitue, fait peu à peu de cet humble enfant du peuple un héros comme Bayard et Turenne, comme d'Assas ou Masséna, comme le général Drouot ou l'amiral Courbet. Et la chose est bien nécessaire !

Car il faut l'apprendre de nouveau à ceux qui seraient tentés de l'oublier : la grandeur d'une nation — Dieu l'a ainsi voulu — dépend du nombre d'hommes qui, pour elle, sont prêts à verser leur sang. Car la grandeur d'une nation ressemble à celle d'un individu et n'a pas d'autres sources. Or, l'individu n'est grand que s'il méprise la mort. Quiconque méprise la mort peut mépriser tout le reste : les tribunaux injustes, les fers immérités, l'opinion publique elle-même, quand elle s'égare : tout, excepté Dieu, qui donne aux grandes âmes la mort comme dernière et sublime issue pour sauver son nom et le leur. C'est elle, en effet, qui est le grand obstacle à vaincre pour que la vérité, la justice, la liberté, le dévouement, puissent régner ici-bas. L'Histoire sacrée et l'Histoire profane attestent que les hommes les plus magnanimes ont toujours été ceux qui ont manifesté pour la mort le dédain le plus absolu. Ne citons que l'Histoire sacrée, puisque nous sommes dans un temple. Si les Machabées eussent craint la mort, ils n'auraient pas vengé Jérusalem des injures d'Antiochus ; si Jean-Baptiste eût redouté les cachots et le coup d'épée qui détacha sa noble tête, il n'aurait pas crié au voluptueux Hérode le *non licet* qui le faisait trembler jusque dans son palais ! Enfin, les martyrs n'auraient pas affranchi l'intelligence humaine, en balayant les dieux immondes du Panthéon et en faisant triompher le christianisme, qui se résume tout entier dans la charité infinie de Dieu pour l'homme et dans la reconnaissante charité de l'homme pour Dieu, si l'obscurité des Catacombes et les bêtes du Colisée leur eussent fait peur.

Ainsi, Messieurs, de tout ce qui est grand sur la terre : il y faut du sang et de généreux trépas. C'est ce qu'on appelle l'héroïsme.

Or, l'héroïsme du soldat français qui, au xixe siècle, a rempli le monde et qui, de Marengo à Austerlitz, de Wagram à Borodino, de Montmirail à Alger, de Constantine à Isly, de Sébastopol à Magenta, ne s'est jamais démenti, ne fut jamais plus sublime qu'en 1870, et voici pourquoi.

L'héroïsme est le mépris de la mort pour une grande cause. Mais plus la cause est grande, plus les obstacles à surmonter sont nombreux et difficiles, et plus l'héroïsme déployé est digne d'admiration. C'est justement ce qui eut lieu en 1870 ; et, avant d'en appeler à l'éloquence des faits, permettez-moi de remarquer que l'héroïsme de ceux qui luttent est indépendant du résultat qu'ils obtiennent. Qu'il soit enseveli dans le triomphe ou dans la défaite : peu importe au héros qui succombe. Sa gloire ne consiste pas à vaincre, mais à mourir. La victoire, sans doute, illumine d'un rayon consolateur la tombe des braves ; mais la tristesse de la défaite, loin de diminuer la majesté de ceux qui sont morts en combattant, l'enveloppe de je ne sais quelle mélancolie qui la rehausse. Leur mérite ne se mesure pas au succès, mais à la vaillance : il se mesure surtout à la justice et à la grandeur de leur cause.

Or, en 1870, il s'agissait de conserver à la France sa légitime prépondérance en Europe, en s'opposant à la résurrection de l'empire d'Allemagne, si perfidement et si passionnément poursuivie, sur les bords de la Sprée, par des politiciens sans scrupule. Il s'agissait de conserver à la France l'intégrité de son territoire, mutilé déjà par les traités de 1814, et menacé de nouveau, surtout depuis 1840, par les ambitieux successeurs de Frédéric II. Jamais cause nationale ne fut plus grande, pour notre héroïsme militaire. La presse allemande a vainement soutenu que nous étions des provocateurs, et que c'était nous qui rêvions un agrandissement exagéré. Il ne faut pas laisser la légende prescrire contre l'histoire.

La France, dans les premiers jours de juillet 1870, venait de licencier une partie du camp de Châlons : elle ne songeait donc pas à la guerre.

La France surprit la politique prussienne en flagrant délit d'entraîner l'Espagne dans son orbite, par la royale candidature d'un Hohenzollern : elle n'était donc pas provocatrice.

La France demanda des garanties radicales contre le retour d'une pareille entreprise : elle voulait donc la paix.

Et quand la France déclara que son honneur et sa sécurité lui imposaient d'en appeler aux armes, elle eut le soin délicat de ne pas confondre la cause de la Prusse avec celle de l'Allemagne. Elle proclama hautement et officiellement que nous ne faisions pas la guerre au Wurtemberg, à la Saxe, à la Bavière, mais uniquement à la Prusse ambitieuse. Quand donc le Wurtemberg, la Saxe et la Bavière marchèrent contre nous, ce n'était pas nous qui les avions attaqués, mais eux qui gratuitement nous attaquèrent (1).

Ce sont là des faits authentiques et certains.

Ils se trompent donc, les publicistes d'outre-Rhin, qui prétendent que, depuis Louis XIV et Napoléon Ier, la France ne poursuit que l'asservissement de l'Allemagne. Ce n'est pas la France qui a détruit la Confédération germanique : c'est la Prusse ; et quand les ministres et les orateurs de Berlin soutenaient, avant 1870, qu'ils ne songeaient pas à relever l'empire de Frédéric Barberousse et de Charles-Quint, au détriment de notre grandeur, ils mentaient à pleine bouche, puisqu'ils n'ont même pas eu la pudeur d'attendre la fin de la guerre pour proclamer, à Versailles même, cet empire d'Allemagne qu'ils prétendaient ne pas vouloir restaurer.

Donc, la cause pour laquelle se sont battus nos soldats était juste : la résurrection de l'empire d'Allemagne le prouve manifestement. Il s'agissait bien pour la Prusse de nous écraser : elle s'y préparait, de longue date, en poussant à bout toutes les ressources de sa constitution militaire, dont Chateaubriand avait prophétisé le formidable avenir, et en imprimant à ses armements, déjà prodigieux, l'activité la plus fiévreuse. Et c'est le second motif qui augmenta l'héroïsme de nos troupes infortunées. A la grandeur de la cause qu'elles avaient à défendre, elles virent s'ajouter la difficulté immense des obstacles. Elles furent aux prises avec un ennemi, de tout point, supérieur : d'abord, par le nombre, car l'Allemagne, dès l'ouverture des hostilités, jeta sur nous quatorze corps d'armée, tandis que nous n'en avions que sept ; puis par l'organisation longuement méditée et le

(1) « Nous ne faisons pas la guerre à l'Allemagne dont nous respectons l'indépendance. Nous faisons des vœux pour que les peuples qui composent la grande nationalité germanique disposent librement de leurs destinées... Nous voulons conquérir une paix durable, basée sur les vrais intérêts des peuples, et faire cesser cet état précaire où toutes les nations emploient leurs ressources à s'armer les unes contre les autres. » (Proclamation de l'empereur Napoléon III, en date du 28 juillet 1870.)

but précis implacablement visé par un état-major hors ligne, et un stratégiste de premier ordre; puis, par une artillerie écrasante qui, à des distances énormes, nous couvrait de ses projectiles fulminants; enfin par l'union d'un peuple de quarante-trois millions d'hommes, tout frémissants d'orgueil, sous la main d'un roi résolu.

Notre armée, insuffisante, n'était qu'une armée; l'armée allemande, c'était l'Allemagne entière se précipitant sur nous avec une discipline de fer et plus de 800.000 hommes, auxquels il ne manquait rien. Si encore, de notre côté, l'habileté du commandement eût rétabli l'équilibre et tiré bon parti de nos armes! Mais, hélas! l'impéritie, la négligence, l'instabilité dans le conseil et dans l'action, furent tout ce qu'elles pouvaient être, et je ne le rappelle, avec douleur, que parce que ce dernier trait achève de donner à l'héroïsme de nos soldats son sublime caractère d'inutile abnégation.

Les voyez-vous, ces vaillants, disséminés, au début de la campagne, sur une longueur de plus de trente lieues? Tout à coup, l'artillerie allemande les attaque inopinément, à Wissembourg. Dès le premier instant de cette lutte inégale, leur bravoure se déclare. Huit bataillons français — une poignée d'hommes! — tiennent tête à trois corps d'armée prussiens, partiellement engagés. C'était le 4 août : date, désormais, doublement fameuse dans notre histoire! Deux jours après, à Wœrth-Frœschwiller, même disproportion, même courage. 35.000 hommes, commandés par Mac-Mahon, soutiennent pendant dix heures l'irrésistible poussée de 120.000 Allemands, qui luttaient ainsi, quatre contre un, et sous la protection d'une artillerie formidable. Vous savez, Messieurs, de quelle gloire, devant cette vivante forêt de baïonnettes et sous cette pluie d'obus, se sont couverts nos immortels cuirassiers, dans cette charge sanglante d'Eberbach à Morsbronn, qui joncha les chemins de leurs corps troués de balles. Cette journée, si funèbre mais si belle, et qui porte pour nous le nom désormais légendaire de Reischoffen, se termina du côté des Allemands par la mise en batterie de 192 pièces de canon, qui nous contraignirent à la retraite. Mais quelle résistance héroïque ! 6.000 Français et 10.000 Allemands, tués ou blessés, couvraient le champ de bataille : preuve sanglante de l'acharnement des deux peuples rivaux !

Quarante-huit heures plus tard, à Forbach, même vaillance, et 4.500 Prussiens et 3.600 Français, couchés autour de l'éperon de Spickeren, — *super excelsa* — attestent que si l'attaque fut violente, la défense fut désespérée.

Mais, hélas ! s'ils purent mourir, nos soldats ne purent vaincre ! Deux choses les écrasèrent constamment, pendant toute la durée de cette fatale campagne : le nombre, d'abord ; puis l'artillerie, dont la supériorité leur opposa partout une muraille de bronze. Deux fois seulement, les Allemands se trouvèrent, avec nous, numériquement égaux, et deux fois ils furent battus : à Coulmiers, dont nous célébrons aujourd'hui l'anniversaire, et à Borny.

Malgré leurs premiers échecs, la France pouvait donc être fière de ses enfants, et le Corps législatif n'était que l'écho du pays entier, en décrétant que l'armée du Rhin avait bien mérité de la patrie. Jusque-là, d'ailleurs, rien n'était décisif. Il nous restait encore, en Lorraine, près de 200.000 hommes qui peu à peu se retirèrent sous les murs de Metz, pendant qu'une seconde armée de 120.000 hommes se concentrait au camp de Châlons pour s'unir à la première et ne former avec elle qu'une masse impénétrable. La chose était claire, en effet : la dissémination de nos forces nous avait perdus, il fallait y remédier. Il fallait surtout défendre et couvrir Paris qui, n'étant pas placé, comme Berlin ou Saint-Pétersbourg, à une grande distance de la frontière, se trouvait déjà menacé. 300.000 Français, de bonnes troupes, occupant la plaine de Saint-Denis ou les hauteurs de Montmorency et de Versailles, étaient un rempart infranchissable. Mais pour cela il n'eût pas fallu que le chef de l'armée de Metz songeât à jouer un rôle politique. Il n'eût fallu penser qu'au drapeau et à l'honneur de la France : le procès de Trianon nous a montré qu'il en avait été autrement ; et la sentence de mort qui frappa l'homme qui les commandait, ne fait qu'accentuer l'héroïsme incomparable, mais stérile, des soldats qui luttèrent si intrépidement, sous sa direction malheureuse.

Représentez-vous, Messieurs, ces beaux régiments d'infanterie, de cavalerie et d'artillerie, à Borny, à Rézonville-Gravelotte, à Saint-Privat, et dites si l'héroïsme militaire fut jamais plus sublime. O journées mémorables du 14, du 16 et du 18 août, vous brilleriez dans notre histoire à côté de celles d'Iéna et d'Auerstaëdt, si la bravoure de nos soldats avait trouvé un chef digne d'elle ! Mais, hélas ! la pensée fixe de rester sous Metz l'aveugla et l'empêcha de profiter de nos avantages, d'où pouvait sortir le triomphe.

Ce triomphe dépendait, avant tout, de la concentration de toutes nos forces, dans les plaines de Châlons ou sous les murs de Paris, car il était évident, depuis l'ouverture des opérations militaires, que c'était la dispersion de nos corps d'armée qui nous avait valu tant d'échecs. La retraite sur Verdun fut donc enfin décidée, et, le 13 août, on en commença l'exécution. Mais, prévenus traîtreusement par trois fusées, que lancèrent des mains inconnues sur les pentes du fort Saint-Quentin, les Allemands n'eurent plus qu'un objectif : nous arrêter et nous bloquer sous les murs de Metz. Dans ce but, dès le lendemain à trois heures de l'après-midi, le général prussien de Gortz se jeta sur nous avec 80.000 hommes, moins dans l'espoir de vaincre que dans la pensée stratégique de ralentir notre marche sur Verdun. Son coup de tête qui aurait pu, car nous étions en nombre, le mener à une perte assurée, fut récompensé par le succès : 5,000 Allemands succombèrent, il est vrai, en quelques heures, et 3,600 Français ; mais nous étions retardés dans notre mouvement de retraite, en dépit de la vaillance de nos troupes. Borny, qui pouvait être fatal au général prussien et à ses 80.000 hommes, ne fut pour nous, hélas ! qu'une victoire inachevée.

Le 16, à Rézonville-Gravelotte, nous sommes surpris dans nos campements, vers 8 heures 1/2 du matin, par suite d'une déplorable imprévoyance. Une panique affreuse se répand, d'abord, dans nos rangs. Seuls, quelques canonniers intrépides restent à leurs pièces, et il m'est doux de savoir que deux de ces hommes de cœur sont dans cette assemblée. Pendant une heure, ils tiennent en haleine la cavalerie ennemie, par quelques volées de mitraille; après quoi, notre armée, remise de son premier et involontaire désarroi, commence sur toute la ligne une lutte épouvantable. L'Allemand veut nous couper la route de Verdun, qui est celle du salut. Il s'y applique avec un acharnement sans pareil. Mais la résistance désespérée de nos soldats l'empêche, cette fois encore, d'exécuter tout son plan. Là, Messieurs, se jouèrent, pour des siècles peut-être, les destinées des deux peuples, et dans les deux camps on le sentait. C'est pourquoi la bataille de Rézonville-Gravelotte, le 16 août, fut une véritable fournaise, où généraux, officiers, soldats, se précipitèrent à l'envi et où plus de 800 pièces d'artillerie vomirent la mort. Impossible de décrire la bravoure de nos troupes, qui restèrent invinciblement maîtresses du terrain. Vers les cinq heures du soir, un fait d'armes prodigieux se passa et qui donne le frisson. La cavalerie allemande, qui comptait plus de 4.000 chevaux, paraît sur une crête, qu'elle recouvre comme d'un nuage. A ce moment, notre cavalerie frémissante, qui comptait également 4.000 chevaux et qui, dans cette journée terrible, s'était déjà signalée glorieusement, entend le général Legrand lui crier, d'une voix tonnante : « *Soldats, au sabre !* » On vit alors ces 8.000 hommes et ces 8.000 chevaux, divisés en deux groupes, se heurter avec furie, et faire trembler le sol de leur choc formidable. La poussière, le soleil, le bruit du fer, les cris des mourants et l'épouvantable mêlée de ces deux masses de cavalerie firent de cette heure sanglante l'une des plus tragiques que la guerre ait connues. Sur tous les points de la lutte engagée, même héroïsme.

Quand la nuit vint, 16.000 Allemands et 16.000 Français, tués ou blessés, jonchaient la plaine. Nous étions

victorieux, puisque nous gardions nos positions si intrépidement défendues. Mais une fatale indécision du commandant en chef nous empêcha de détruire deux corps allemands qui, ce jour-là, paraissaient voués à une ruine complète. « Le maréchal Bazaine, dit l'éminent his-
« torien Amédée Le Faure, ne comprit pas qu'il n'avait
« qu'un signe à faire pour pousser en avant sur notre
« droite les 4e et 6e corps et jeter dans la Moselle les
« 80.000 Prussiens que nous avions devant nous. Pendant
« ces dix heures d'action, le maréchal n'eut qu'une
« seule précaution : maintenir sa ligne de retraite sur
« Metz (1). »

C'était pour nous l'effondrement. La retraite sur Verdun pouvait seule nous délivrer. Metz, en effet, est assise dans une vallée que dominent les hauteurs de Gravelotte. Abandonner ces hauteurs à l'ennemi qui les convoitait, c'était lui livrer notre fortune. Hélas ! nous le vîmes bientôt. La journée du 17 qui fut laissée à l'armée prussienne, comme pour lui permettre de se refaire en recevant des renforts, diminua nos chances de succès définitif. Les lignes d'investissement se resserraient autour de nous. Mais restait encore Saint-Privat, dernière clef qu'il fallait arracher de nos mains. On n'y fût jamais parvenu, si nous n'avions eu pour chef que notre héroïque et illustre Canrobert, dont Dieu semble prolonger la vieillesse ainsi que celle de Mac-Mahon, comme pour nous consoler et nous permettre d'admirer plus longtemps ce que l'armée française a de plus vénérable et de plus glorieux.

. Il était là, le vieux soldat de Crimée et d'Italie, crénelé pour ainsi dire dans ce petit village de Saint-Privat que je n'ai pu visiter, il y a cinq ans, sans verser des larmes. Le 18 août, à onze heures et demie du matin, commença la bataille gigantesque où 230.000 Allemands luttèrent jusqu'à neuf heures du soir contre 180.000 Français. L'ennemi comptait huit corps d'armée, nous n'en avions que

(1) *Histoire de la guerre franco-allemande*, par Amédée Le Faure, 1er vol., page 199.

cinq : disproportion fatale qui, jointe à celle de l'artillerie, explique notre défaite sans diminuer notre gloire. Canrobert était le plus dépourvu de ressources, là où précisément il en eût fallu davantage. Il ne disposait que de 55 pièces d'artillerie, quand 150 eussent été nécessaires. « Mes soldats, dit-il lui-même, se sont battus toute la journée sans avoir ni mangé ni bu. » Vers trois heures de l'après-midi, l'état-major prussien qui veut à tout prix enlever le dernier obstacle qui l'empêche de nous emprisonner sous Metz, fait pleuvoir le fer et le feu de plus de 300 pièces d'artillerie sur Amanvillers, Sainte-Marie-aux-Chênes et Saint-Privat. L'incendie dévore les pauvres chaumières des paysans. Le ciel est couvert d'une épaisse fumée, que des milliers d'obus déchirent avec rage Saint-Privat devient le centre et comme le pivot de l'immense mouvement tournant de l'armée prussienne, qui cherche à nous envelopper de ses masses profondes. Mais Canrobert, qui a prévu cette offensive désespérée de l'ennemi, a tout préparé pour la lui faire payer cher. Il va et vient, comme un lion au milieu de ses lionceaux égorgés 6.000 Français couchés, sanglants, par la mitraille, son étendus autour de lui ; le maréchal et les braves qu lui restent jurent de les venger et tiennent parole. Il fau pour arriver à Saint-Privat traverser un espace découvert. Sur cette longue pente les Allemands, sûrs de vaincre, « s'avancent dans un ordre admirable et comme à « la parade. Les voici enfin. Le feu commence, feu ter « rible qui porte sur cette masse compacte. Les officier « allemands sont à cheval. En quelques minutes la moi « tié est à terre : le reste marche toujours. Le général d « Pape qui dirige l'attaque a deux chevaux tués sous lui « le colonel de Roder du 1er régiment est mortellemen « frappé ; 97 officiers de la garde sont tués. Le prince d « Wurtemberg, qui surveille l'action de la hauteur « l'ouest de Sainte-Marie, ordonne la retraite, qui s'opèr « sous un feu terrible (1). » Il semblait que chaque pierr

(1) Amédée Le Faure, *Histoire de la guerre franco-allemande* 1er vol., page 223.

du village avait une âme fulminante qui s'élançait dans les rangs ennemis, pour y porter les colères de la France.

Ainsi, Messieurs, le roi Guillaume pouvait écrire à Berlin que Saint-Privat avait été le tombeau de sa garde : c'était vrai. Mais que faire contre des masses sans cesse renouvelées ? Les Allemands, arrêtés par Canrobert de trois à sept heures du soir, poussèrent de nouveau sur nous leurs flots vivants qu'un corps d'armée saxon avait grossis. Nous fûmes submergés. La résistance, du moins, avait été incomparable ! 20.000 Allemands furent tués ou blessés et 12.000 Français ; mais, hélas ! notre bravoure n'avait pu empêcher l'ennemi de nous couper la retraite sur Verdun : nous étions perdus !

La vieille France militaire a trois dates funèbres : Crécy, Poitiers, Azincourt, où l'Angleterre triompha de nous, jusqu'à la virginale et chevaleresque apparition de Jeanne d'Arc. La France moderne aura ses trois dates aussi, et puissent-elles ne pas nous être plus funestes que celles du passé : Leipsick, Waterloo, Saint-Privat. On ne saurait songer aux conséquences de cette dernière bataille et à la capitulation de Metz, qui deux mois plus tard en fut la suite, sans avoir le cœur brisé. C'est la prépondérance de l'Allemagne en Europe, avec les armements écrasants, les impôts ruineux, la menace permanente d'une tempête de feu et de fer sur toute la civilisation occidentale : et pour combien de temps ? Dieu seul le pourrait dire ! Une seule chose nous console : c'est l'héroïsme prodigieux et sans défaillance de ceux qui moururent alors pour la patrie, et auxquels je crie, ce matin, du fond de mon âme, comme je le leur criais, il y a cinq ans, en visitant au milieu des blés de la Lorraine le vaste cimetière où ils reposent : « Honneur, honneur, trois fois honneur au courage malheureux ! »

Mais ce n'est là que la première partie de ma tâche. Abordons la seconde : nous y serons témoins du même héroïsme et de la même infortune.

II

Avant Gravelotte, je vous l'ai dit et presque tous les historiens sont d'accord, le salut de la France était encore possible, puisque le chemin de Paris nous restait ouvert et que 3oo.ooo hommes, en y comprenant ceux du camp de Châlons, eussent été pour protéger la capitale une vivante et infranchissable ceinture. Les Allemands l'avaient compris : de là, leurs efforts désespérés pour nous fermer la route de Verdun. Hélas! ils y parvinrent. Quand donc cette route nécessaire nous eut été coupée, quand notre vaillante armée eut été ramenée si lamentablement sous les forts de Metz, tout fut terminé pour l'espérance et la victoire.

A ce moment même, l'armée de Châlons était en marche pour rejoindre l'ennemi qui, débarrassé de l'armée du Rhin, désormais bloquée, se trouvait prêt de nouveau à nous faire face avec des forces trois fois supérieures. Nous n'avions à Beaumont, à Bazeilles et à Sedan, ni la solidité des cadres, puisque la plupart de nos soldats avaient été rappelés précipitamment de leurs foyers, ni l'artillerie suffisante. Les Allemands nous opposèrent 23o.ooo hommes et 600 pièces de canon, tandis que nous n'avions que 120.000 hommes à peine et 3oo pièces : le tout, mal équipé, mal nourri, mal pourvu et fatigué par des marches et contre-marches débilitantes. Que voulez-vous faire avec une pareille disproportion ? Ajoutez que l'officier qui portait le plan de la bataille et les ordres de Mac-Mahon fut enlevé, par des uhlans, dès le commencement de la journée : ce qui fit connaître à l'état-major ennemi tous nos desseins. Cet officier s'appelait Grouchy, comme à Waterloo : ce nom m'a frappé. Ajoutez encore que le commandement passa de mains en mains, pendant la bataille même : de Mac-Mahon à Ducrot, de Ducrot à Wimpfen, ce qui jeta, par suite des ordres et des contre-ordres, une confusion épouvantable dans nos rangs déjà si confus.

Mais l'héroïsme nous restait, et il se déploya si magnifiquement qu'il arracha des applaudissements involontaires au roi Guillaume lui-même. Quand ce prince aperçut des hauteurs voisines le général de Gallifet entraînant nos escadrons et se précipitant à plusieurs reprises sur les masses profondes des Allemands, qui foudroyaient nos cavaliers, il s'écria : « Ah ! les braves gens ! »

Oui, Messieurs, nos infortunés soldats furent braves, et 15.000 d'entre eux, tués ou blessés, parmi lesquels plusieurs milliers d'officiers et vingt généraux, attestent que si nous avons succombé en cette journée sanglante, nous pouvions du moins répéter fièrement le mot de nos pères : « Tout est perdu, fors l'honneur ! » La capitulation de Sedan reste à la charge de celui ou de ceux qui l'ont rendue nécessaire, mais elle ne saurait peser sur la mémoire de nos soldats qui l'ont si cruellement subie.

Et maintenant, Messieurs, refoulés par l'envahisseur qui déshonora sa victoire en incendiant Bazeilles, faut-il vous conduire sous les murs de Paris et vous faire assister aux rencontres héroïques du Bourget, de Champigny et de Buzenval ? Faut-il vous peindre les rives de la Seine et de la Marne, teintes du sang de nos frères, comme celles de la Moselle et de la Meuse ? Faut-il vous montrer, dans les rues de Paris, ces longues colonnes d'enfants et de femmes, attendant en silence un noir morceau de pain et supportant, pour la France, toutes les horreurs d'un siège de quatre mois, d'un rude hiver sans feu et d'un bombardement sans pitié ? Préférez-vous suivre, dans nos champs blanchis de neige, nos mobiles à peine armés et vêtus, mais qui à Coulmiers comme à Bapaume, au Mans comme à Villersexel, opposèrent aux troupes régulières et disciplinées de l'Allemagne une résistance qui honora notre défaite ? Voulez-vous que j'évoque, sous les sapins couverts de givre, les héros de Patay ? Voulez-vous que je vous rappelle comment les zouaves pontificaux, n'ayant pu mourir pour le Pape, surent héroïquement mourir pour la France, ou mieux encore souffrir et expier pour elle, comme le fit cet auguste général de Sonis qu'un jour, peut-être, les soldats chrétiens salueront sur les autels, avec sa jambe de bois, entre saint Maurice et saint Georges ?

Mais si je devais esquisser le tableau complet de nos malheurs et des sublimes efforts de notre armée, en cette année terrible, je vous retiendrais ici tout le jour. Je veux pourtant saluer Strasbourg et sa cathédrale en feu, Metz indignement livré ; je veux saluer Châteaudun, Bitche et Belfort, qui montrèrent ce que peut le courage opiniâtre de quelques héros contre d'implacables envahisseurs. Je veux saluer, en votre nom et au mien, toutes nos cités françaises qui ont subi les ravages d'un bombardement cruel ; je veux saluer tous les capitaines et soldats qui sont morts, comme les Raoult et les Margueritte, pour sauver notre indépendance. *Considera, Israel, pro his qui mortui sunt super excelsa tua, vulnerati ;* tous ceux qui ont lutté et souffert pour la patrie, en ces jours d'invasion et de deuil, ont des droits sacrés à notre reconnaissance : elle ne leur manquera jamais.

L'antique Egypte ne gravait sur ses monuments que le triomphe de ses héros. La France s'est montrée plus grande. Elle a honoré ses soldats vaincus, comme elle eût fêté ses soldats victorieux. Elle a dressé partout des colonnes commémoratives et des trophées funèbres, pour rappeler à la postérité leur bravoure et leur infortune. C'est un de ces cénotaphes pieux que vous voulez vous-mêmes ériger au cimetière de Chilvert, en l'honneur des soldats poitevins qui succombèrent pendant la guerre franco-allemande. Nul doute que les offrandes généreuses, que des mains dévouées solliciteront tout à l'heure de cette grande et sympathique assemblée, ne contribuent à le rendre vraiment digne d'eux. J'y voudrais graver combien toutes les classes de la société rivalisèrent de zèle, d'un bout de la France à l'autre, pour soulager alors nos armées malheureuses. Quel empressement dans les ambulances et combien les femmes françaises, sous le costume séculier comme sous le voile religieux, se montrèrent des anges de charité ! L'aristocratie, la bourgeoisie et nos chères classes ouvrières : tous firent éclater le plus vif patriotisme. Et votre clergé, Messieurs, d'une extrémité à l'autre de la hiérarchie, ne se laissa devancer par personne. Séminaristes librement enrégimentés, aumôniers sur les champs de bataille, évêques et curés ouvrant leurs palais et leurs presbytères à nos officiers et à nos soldats, ou parlementant avec l'ennemi, pour adoucir ses rigueurs, frères des Ecoles chrétiennes tués par l'obus en secourant, au feu, les blessés : tous, nous combattîmes, avec vous, par le cœur, ne le pouvant par le glaive.

Deux traits vous peindront quelle fut l'attitude de la société ecclésiastique, à l'égard de la France.

Dans un petit village d'Alsace, les Prussiens en rentrant furent reçus par quelques coups de fusil, qui leur tuèrent cinq hommes. Aussitôt, les Allemands réunirent dans l'église la population épouvantée et tirèrent au sort cinq paysans, pour les passer par les armes. Parmi ceux qui furent désignés, se trouvait un père de famille, qui comptait de nombreux enfants, dont les sanglots éclatèrent. Emu de tant d'infortune, le curé du hameau, qui était là, demanda aux officiers prussiens de remplacer lui-même, dans la mort, celui de ses paroissiens dont la vie était si précieuse. Il l'obtint. Il sortit donc pour être fusillé avec les quatre autres victimes, et en tombant au milieu des laboureurs qu'il évangélisait, cet humble curé de campagne justifia la parole de notre Maître : « Le bon pasteur donne sa vie pour ses brebis ! »

Dans le même temps, le chef de la catholicité, le Pape Pie IX, par deux actes sublimes, que la plume républicaine de Jules Favre, alors ministre des affaires étrangères, a racontés avec reconnaissance, témoignait à la France malheureuse son paternel attachement. Pendant que l'Europe entière assistait, avec une indifférence dont elle commence à se repentir, à notre démembrement : seul du fond de ce Vatican désert, où notre drapeau, hélas ! ne le protégeait plus, le Pape écrivit au roi Guillaume, pour lui demander un armistice en faveur du peuple français. Et Jules Favre, auquel j'emprunte ce

trait historique, écrit ces paroles qui l'honorent :
« Quand tous les souverains de l'Europe s'interrogeaient
« les uns les autres pour savoir lequel donnerait, le pre-
« mier, le signal d'une démarche en notre faveur, le
« Pape ne craignait pas de se mettre à découvert ; il
« écrivait spontanément au roi de Prusse, en novembre
« 1870, pour l'engager à cesser l'effusion du sang, en
« acceptant un armistice de quinze jours avec ravitail-
« lement. Sa lettre resta sans réponse. Mais cet échec ne
« rend que plus méritoire l'élan de cœur du Pontife, sur-
« tout quand on le compare à la froide indifférence con-
« tre laquelle se brisaient nos efforts incessants, pour ob-
« tenir de nos anciens alliés une assistance qu'à défaut de
« sympathie leur intérêt personnel leur commandait » (1).

Ce n'est pas tout ; Messieurs. Le Pape, dès qu'on eut
signé la paix, envoya dix mille francs aux orphelins de
l'Alsace, et il eut la magnanime pensée d'ordonner aux
évêques et aux prêtres français de vendre les vases sacrés, pour acquitter une partie des cinq milliards que
l'insolent vainqueur exigeait de notre détresse. Et Jules
Favre, dont je ne me lasse pas de citer le témoignage, ré-
pondit à notre ambassadeur auprès du Saint-Siège :
« En lisant, dans votre dépêche, qu'il avait été question
« de donner aux évêques l'ordre de fondre les vases sa-
« crés, je me suis cru revenu aux siècles de la primitive
« Eglise, si féconds en actes de dévouement et de vertu (2). »

Et moi, je voudrais, Messieurs, que ma voix pût atteindre aujourd'hui tous les cœurs français pour leur
dire : vos prêtres vous aiment, ils sont à vous tout entiers ;
vos malheurs et vos gloires sont leurs gloires et leurs
malheurs ; et si M. Thiers, dans une pensée noble, du
reste, n'eût empêché le Pape de nous ordonner de
vendre nos vases sacrés, vous nous eussiez vus monter à
l'autel, ouvrir nos tabernacles, et, prenant dans nos mains
nos calices d'argent et d'or, les jeter dans ce gouffre im-

(1) *Rome et la République française*, par Jules Favre, ch. VI.
(2) Id., ch. VII.

mense que la rapacité d'un farouche ennemi avait creusé sous nos pas. Ah ! Messieurs, nous aurions accompli pour vous cet acte sublime, avec un enthousiasme et un patriotisme sans bornes. Et qui sait ? peut-être, après ces grands désastres, aurions-nous renouvelé et cimenté l'alliance si désirable du clergé et du peuple !

MONSEIGNEUR,

C'est la première fois que j'ai l'honneur de porter la parole dans cette cathédrale, qui me rappelle tant de pieux souvenirs. J'irais contre les sentiments les plus sincères de mon cœur et je manquerais à tous mes devoirs de respect et de filiale affection, si je ne saluais Votre Grandeur au milieu de son fidèle clergé, et notamment au milieu de ses dignes grands vicaires et de ses vénérés chanoines, parmi lesquels je compte des Maîtres, des Supérieurs et des Bienfaiteurs toujours aimés. Le cœur que vous avez mis si noblement au service des mobiles de la Vienne, Monseigneur, quand les hasards de cette guerre fatale les poussèrent vers votre presbytère hospitalier, est le même qui a voulu donner, ce matin, à la cérémonie religieuse et militaire qui nous rassemble, tout l'éclat dont elle resplendit. Je vous en remercie, au nom de tous.

Et maintenant, ô mon Dieu ! laissez-moi pousser vers vous un dernier cri. *Requiem æternam dona eis, Domine* : Seigneur, à nos soldats bien-aimés qui ont souffert, qui ont héroïquement lutté et qui sont morts pour nous, accordez l'éternel repos ! *Et lux perpetua luceat eis* : que votre douce lumière enveloppe et réjouisse leurs âmes baptisées, et qu'un de ses purs rayons descende jusqu'à nous, pour nous montrer dans une clarté irrésistible ce principe fondamental de la civilisation, à savoir : que chez les peuples qui veulent vivre, toutes les forces nationales ne doivent former, pour ainsi dire, qu'une gerbe, dont la religion soit le lien sacré ! — Ainsi soit-il.

POITIERS. — TYPOGRAPHIE OUDIN ET Cie.